MEMOIRE
en Images

LE PAYS DE MONTBAZON

N° 6. - Juin 1906.

AIMEZ-VOUS LES UNS LES AUTRES

BULLETIN PAROISSIAL

de Montbazon

PASSER EN FAISANT LE BIEN

VOUS ÊTES TOUS FRÈRES

Prière à N.-D. de Montbazon

Notre Dame de la bonne garde, ô Marie, Vierge conçue sans péché, Mère de Dieu et notre Mère, soyez, je vous en prie, ma garde et ma défense dans tous les dangers.

CONSERVEZ CHAQUE NUMÉRO

LISEZ ET FAITES LIRE

En couverture : photographie de groupe des employés de la Poudrerie nationale du Ripault, à Monts (les “Ripaulins”), vers 1885.

MEMOIRE

en Images

LE PAYS DE MONTBAZON

Ludovic Vieira et Pierre Duchemin

ALAN SUTTON

Editions Alan Sutton
21, avenue de la République
37300 Joué-lès-Tours

Première édition novembre 1997

ISBN 2-84253-106-X

Dépôt légal : novembre 1997.
Imprimé en Grande-Bretagne par
Midway Clark Printing, Wiltshire.

Table des matières

Bibliographie

La poudrerie du Ripault à Monts, Jacques Féneant, *le Magazine de la Touraine* p. 17-28, 1985.
Montbazon et Veigné aux temps jadis, Jacques Maurice, 1970, rééd. 1988.
Monts et son passé, Jacques Maurice, 1968, rééd. 1980.
Histoire de la Vallée verte (Esvres), Jacques Maurice, 1975, rééd. 1991.
Montbazon, souvenirs et documents du XXe siècle, Eric Syssau, 1995.
Auberges et hôtelleries montbazonnaises, *revue du val de l'Indre* p. 9-17, Ludovic Vieira, 1995.
Veigné et son patrimoine : inventaire de ses cinquante châteaux, manoirs, moulins et chapelles, Ludovic Vieira, 1996.
Monographie du château du Puy d'Artigny, à Montbazon, Ludovic Vieira, 1996.
Le château de La Tortinière à Veigné, Ludovic Vieira, 1996.
Lilian Whitteker, la Dame de Montbazon, Ludovic Vieira, 1997.

Articles de Pierre Audin, Jean Guéraud, Jacques Maurice, Pierre Robin et Ludovic Vieira dans les *Bulletins municipaux* de Montbazon, Monts, Veigné et Sorigny.

Le cours de l'Indre, à l'entrée de Montbazon, photographié depuis le balcon du moulin des Avrins. Entre le Donjon et le Grand-Moulin ducal, quelques maisons "fin de siècle" étalent leur façade, telles la propriété de Juche-Perdrix (asile Saint-Joseph) et le castel *Avrina* (villa de la famille Lesourd).

Introduction

Le cadre retenu pour cette évocation de la vie quotidienne dans la vallée de l'Indre entre la Belle Epoque et la Seconde Guerre mondiale ne correspond nullement à de quelconques critères géographiques ou administratifs. Si la rivière traverse successivement, d'est en ouest, Esvres, Veigné, Montbazon et Monts, la commune voisine de Sorigny, par contre, est située sur le plateau de Sainte-Maure (dont elle marque l'extrémité nord) et ne peut donc être rattachée au "val de l'Indre" proprement-dit. De même n'a-t-on pas repris ici les limites strictes du canton dont Montbazon est le chef-lieu, découpage politique modifié quasiment à chaque élection et qui, purement artificiel, ne répond à aucun critère particulier : ainsi Villeperdue (qui se rattache davantage au pays de Sainte-Maure) et Pont-de-Ruan (plus tourné vers Azay-le-Rideau) ne figureront pas dans ce recueil. A l'inverse, la ville d'Esvres, appartenant au canton de Chambray, y a été inclue pour des raisons historiques, économiques et touristiques.

Les cinq communes limitrophes ainsi choisies possèdent en commun une forte identité liées par l'Histoire puisqu'elles constituent l'ancien comté de Montbazon, érigé en 1547 en faveur des princes de Rohan et devenu quarante-et-un ans plus tard un duché-pairie s'étalant sur environ le cinquième de l'actuel département d'Indre-et-Loire.

On s'étonnera peut-être de ne pas trouver dans cet album des photographies typiquement rurales telles que moissons, vendanges et autres scènes de la vie paysanne. Véritable "vallée de la Loire en miniature" dont les riants coteaux sont parsemés de fiers manoirs et de tourelles à poivrière, le tout ponctué par de nombreux moulins, le val de l'Indre se caractérise en effet avant tout par ses châteaux (plus de cinquante sur les cinq communes concernées !) et par la "vie seigneuriale" qui en découle : grands domaines forestiers pour les chasses, absence presque totale d'industries (exceptée, bien sûr, la poudrerie du Ripault à Monts, principal employeur du canton et première usine du département par l'importance de ses installations et de sa production), règne des notables et hobereaux locaux, pas ou peu de vignobles en dehors de ceux d'Esvres, voici comment se présentait au début du siècle, et se présente encore aujourd'hui dans ses grandes lignes, l'ancien "Bazonnois" avec Montbazon la commerçante, Veigné la châtelaine, Monts l'industrielle, Sorigny la rurale et Esvres la vigneronne.

La vie quotidienne était surtout marquée par la présence de puissantes dynasties de propriétaires terriens (en particulier la famille de La Ville-le-Roulx et les Drake del Castillo à Monts et Veigné) parmi lesquels se détachent durant l'entre-deux-guerres quelques figures marquantes : le parfumeur François Coty, l'industriel Charles Bedaux, l'artiste-peintre Lilian Whitteker.

L'Indre attirait de nombreux Tourangeaux en quête de plaisirs champêtres avec une multitude de guinguettes, coups de pêche et embarcadères pour des promenades en bateau. La rivière possédait aussi (et surtout) une importance économique de premier plan grâce à sa vingtaine de moulins, la plupart à blé mais servant aussi d'huileries de colza ou de centrales électriques. La route nationale 10 Paris-Bordeaux qui traverse son bourg ainsi que la renommée de ses foires et marchés avaient entraîné dans Montbazon l'éclosion de nombreux cafés, cabarets, auberges et hôtelleries où pendaient pour enseignes le Lion d'Or, le Cheval Blanc ou le Cheval Rouge, le Croissant et l'Image.

L'arrivée du chemin de fer Tours-Loches en 1878, de la première ligne de téléphone en 1895, de l'électricité dans les centres-villes en 1911 sont quelques traits marquants illustrant la modernisation de nos bourgades, à seulement une douzaine de kilomètres de Tours.

L'intense vie paroissiale (dont la statue de la Vierge, hissée sur le Donjon de Montbazon en 1866, est le témoin le plus visible...) n'avait d'égale que la réelle convivialité régnant alors entre chaque commune : on ne compte plus la fréquence des carnavals des fleurs, défilés costumés et autres reconstitutions historiques qui animèrent les fêtes locales jusqu'en 1939.

Autant d'images qui, Dieu merci pour le charme de la vie en ces lieux, n'ont pas tout à fait disparu à l'aube du XXIe siècle et se maintiennent encore aujourd'hui de temps à autre ! Le Bazonnois et le val de l'Indre, ou Montbazon et ses environs et la douceur de vivre, nous attendent...

Semblant s'accrocher aux courtines de la forteresse de Foulques Nerra, les vieilles maisons médiévales du quartier Putsinus, bordées par la Douve, forment un pittoresque ensemble de pignons et colombages..

I

Les bourgs : rues, quartiers et monuments

Vue générale du bourg de Montbazon photographié depuis les remparts du Donjon. L'église édifiée en 1853 domine les toitures des maisons médiévales de la rue des Moulins tandis qu'au fond à droite la mairie construite en 1836 clôture la place principale du village.

Présentation "officielle" des cinq communes composant l'ancien duché du Bazonnois avec leur mairie. Celle de Montbazon (datant de 1836, surélevée d'un étage en 1883) est sans doute la plus jolie de toutes. Il s'agit du premier édifice construit par le célèbre architecte tourangeau Gustave Guérin, qui réalisa par la suite quantité d'églises en Indre-et-Loire.

D'un style similaire et de la même époque, l'ancienne mairie de Monts a été récemment désaffectée pour devenir bibliothèque municipale. Comme beaucoup de mairies en zone rurale, elle abritait aussi l'école communale.

Quelque peu démesurée pour une aussi petite commune (tout juste 1 140 habitants il y a un siècle), la mairie de Sorigny étale sa longue façade sur la route nationale 10, à l'écart de l'ancien bourg.

Ici, celle de Veigné (1841), servant également à l'origine de bureau de poste et d'école publique, a succédé à l'ancienne étude notariale, implantée jadis en lisière du cimetière médiéval (actuelle place du Maréchal Leclerc).

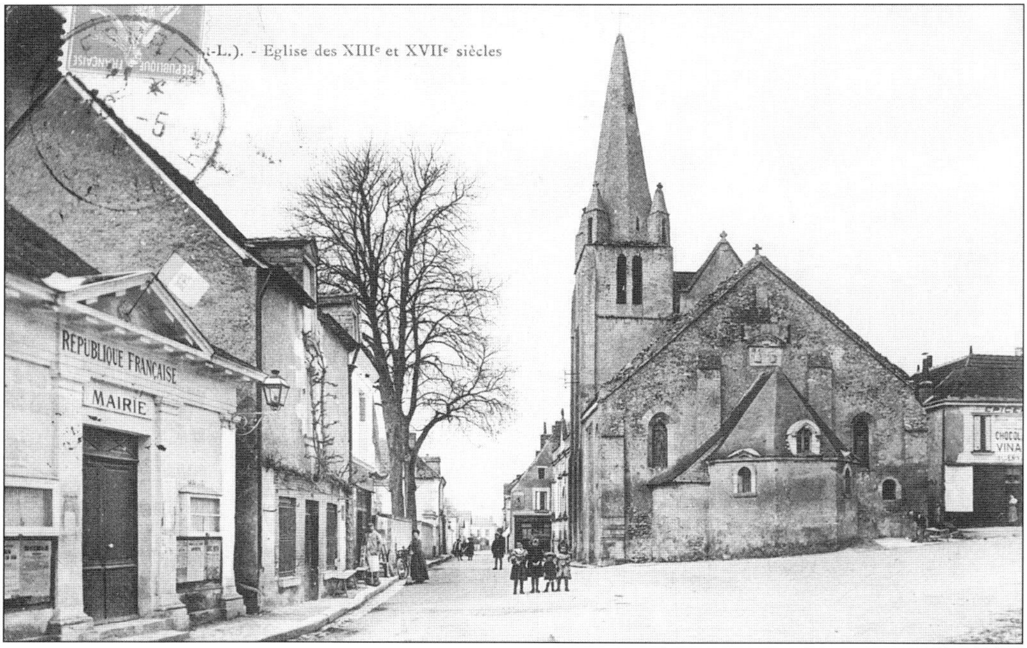

Minuscule mais charmante, aux allures d'un pavillon d'octroi, l'ancienne mairie d'Esvres, bâtie sous Louis-Philippe, a été détruite en 1969.

Le nouveau bâtiment, construit à 50 mètres du précédent sur un plan beaucoup plus vaste, correspond à l'accroissement de population que la commune enregistra en peu d'années. Ses 1 800 habitants en 1905 en faisaient en effet l'agglomération la plus peuplée du canton.

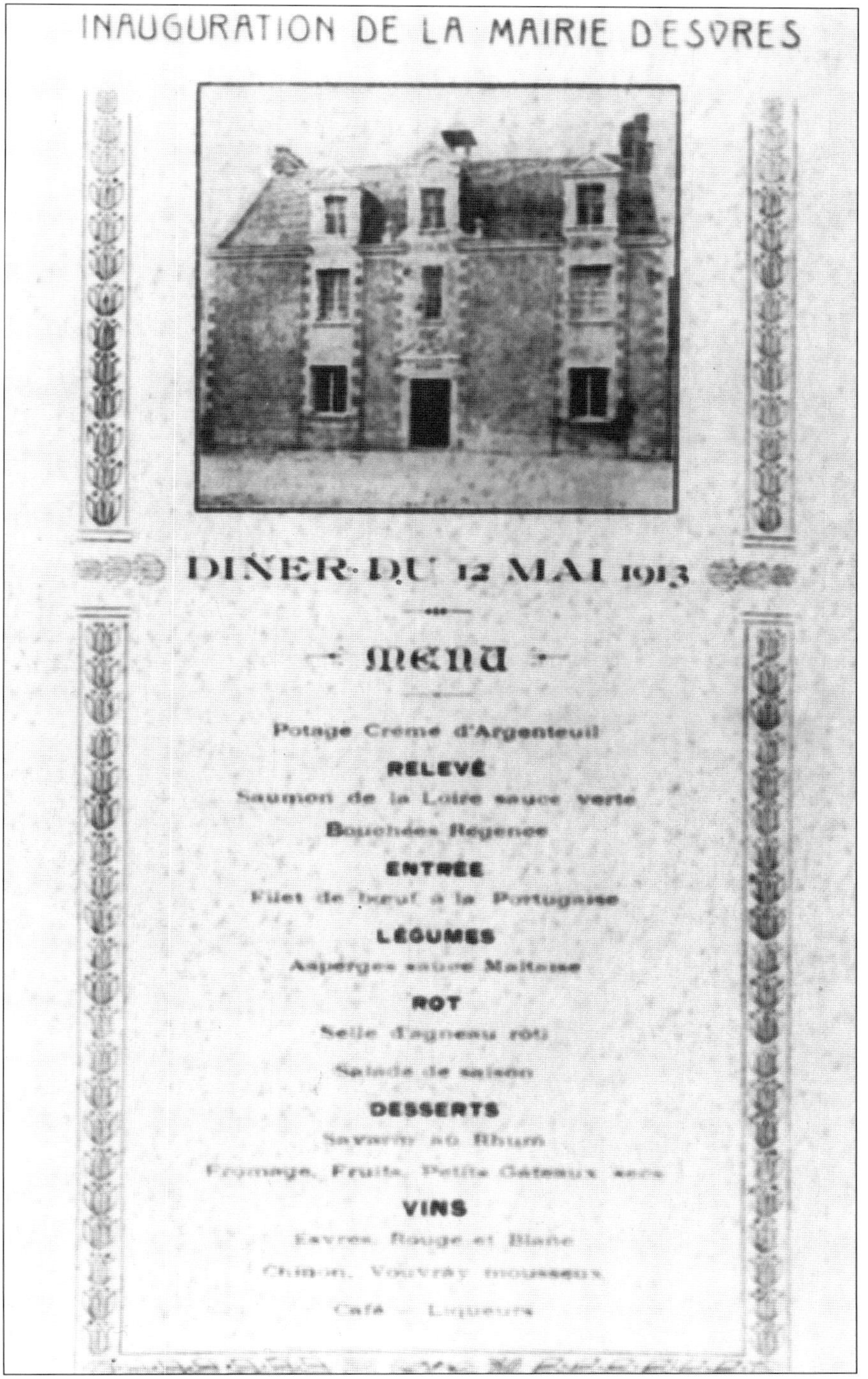
INAUGURATION DE LA MAIRIE DESVRES

DINER DU 12 MAI 1913

MENU

Potage Crème d'Argenteuil

RELEVÉ

Saumon de la Loire sauce verte

Bouchées Régence

ENTRÉE

Filet de bœuf à la Portugaise

LÉGUMES

Asperges sauce Maltaise

ROT

Selle d'agneau rôti

Salade de saison

DESSERTS

Savarin au Rhum

Fromage, Fruits, Petits Gâteaux secs

VINS

Esvres Rouge et Blanc

Chinon, Vouvray mousseux

Café — Liqueurs

Pas d'inauguration d'édifices publics sans banquet officiel, prétexte à un rassemblement républicain et surtout... à de bonnes ripailles ! Celui-ci regroupa 390 invités, place des Ecoles, autour du préfet et du commandant Dubail après une remise de décorations aux vétérans de la guerre de 1870.

Dominé par son clocher, le pittoresque bourg de Monts s'accroche, comme son nom l'indique, à une butte assez prononcée en bordure de l'Indre.

A Esvres, où le centre du village est également bordé par l'Indre, c'est l'ancien château seigneurial qui surplombe les maisons de sa masse impressionnante.

Le bourg de Veigné, quant à lui, s'est blotti autour de son ancien prieuré Saint-Maixent et de sa place ombragée qui a succédé au cimetière du Moyen Age.

La place principale de Sorigny, aujourd'hui occupée par un imposant monument aux Morts, a été aménagée en 1922 grâce au comblement d'un grand vivier servant aussi de lavoir public.

Un très intéressant daguerréotype de 1865 a été miraculeusement conservé pour nous rappeler l'aspect de l'ancien clocher de Sorigny, détruit en 1898. La forme en mître de sa toiture, caractéristique du val de l'Indre, rappelle celle des églises d'Esvres, Veigné ou Courçay.

Au centre du bourg, au sommet de la butte supportant le village, la vaste église de Monts a été reconstruite en 1877 dans un style néo-roman rappelant l'architecture de la précédente église.

Si elle n'a plus le cachet pittoresque de l'ancien porche médiéval, la nouvelle façade de l'église Saint-Pierre de Sorigny (1868) possède l'avantage de donner sur une petite place, propice aux sorties de messes et aux cortèges de mariage.

Autre témoignage des abondantes "rénovations" des églises de campagne au siècle dernier en Touraine, celle de Veigné, presque entièrement reconstruite en 1873 par le prolifique architecte diocésain Gustave Guérin ; seul resta intact le vénérable clocher du XIIe siècle...

Ayant quitté l'un des deux pavillons symétriques de la mairie, le bureau de poste de Veigné s'installa alors dans une simple maison particulière, au 29, rue Principale, tout près de l'auberge du Cheval-Blanc. En face (à droite), une étroite ruelle rejoint l'ancienne auberge de l'Opéra.

L'église Saint-Médard d'Esvres est l'une des plus anciennes du département, succédant à un premier sanctuaire fondé ici vers l'an 465. Toute la décoration intérieure a été refaite en 1873, en particulier la grotte de Lourdes visible sur la droite.

Les gendarmes de Montbazon quittèrent en 1869 le château de La Grange-Rouge qui leur servait de caserne depuis la Révolution pour s'installer dans une maison bourgeoise donnant sur la RN 10, elle même remplacée en 1973 par l'actuelle gendarmerie.

Cette vieille maison pleine de charme de la rue des Moulins, à Montbazon, n'est autre que l'ancien pressoir du Donjon à l'époque où la vaste esplanade devant la tour de Foulques-Nerra était plantée de vignes.

D'un modèle identique à toutes celles de la ligne ferroviaire Tours-Loches, la gare de Montbazon fut inaugurée en grande pompe le 14 juillet 1878 avec l'arrivée d'un train officiel transportant députés, sénateurs et le ministre du Commerce, monsieur Teisserenc de Bort.

Outre sa situation sur la ligne Tours-Loches, la gare d'Esvres était également tête de départ du C.F.D. (chemin de fer départemental) reliant notre bourg à celui de Ligueil en longeant, à travers la campagne, la vallée de l'Echandon sur plus de 8 kilomètres.

La plupart des maisons bordant la rue Nationale dans la traversée de Montbazon remontent aux XVe et XVIe siècles : lors du percement de la route royale d'Espagne en 1746-62, on se contenta de les "rhabiller" de nouvelles façades.

On distingue nettement sur cette vue aérienne du bourg de Montbazon, avec le pont sur l'Indre au premier plan, la route nationale 10 servant de véritable "colonne vertébrale" à travers l'ancien village médiéval, le tout dominé par l'imposante forteresse des comtes d'Anjou.

Traversé par la route nationale Paris-Bordeaux, Sorigny donne l'impression de n'être qu'un "village-rue" assez désert : en fait, le vrai bourg avec ses ruelles anciennes et ses commerces se situe à 300 mètres à l'est et demeure ainsi protégé du flot incessant de la circulation, bien qu'au début du siècle, on le voit ici, les voitures se faisaient encore rares !

Le photographe a planté son appareil en pleine rue Principale, quelle attraction ! Aussitôt enfants et riverains sortent pour figurer sur le cliché et ainsi passer à la postérité. Que la grande artère d'Esvres paraissait alors animée !

On imagine avec peine que cette étroite ruelle (actuelle rue Emmanuel Brault) a servi durant des siècles de “route d’Espagne” à travers le bourg de Montbazon... Elle longe ici la *maison du Troubadour* (XVIe siècle), l’une des plus jolies du village.

Le cheval attelé à une carriole attend sagement son maître entré dans l’atelier du forgeron, monsieur Veillault, au 41, rue Principale. Le bourg d’Esvres comptait aussi un charron, monsieur Aubineau, un bourrelier, monsieur Blain (puis Georges Latour), et un maréchal-ferrant, monsieur Michaut (prédécesseur de Bernard Gondal).

Seul vestige des remparts construits en 1471 sur ordre de Louis XI pour fortifier le village, la porte des Moulins fait un peu figure "d'arc de triomphe" aux yeux des Montbazonnais, malgré les problèmes de circulation qu'elle engendre aujourd'hui.

Vendue en 1924 à un Américain qui la démonta pierre par pierre pour l'emmener aux Etats-Unis, cette très jolie porte à accolade gothique et angelots sculptés ornait la modeste maison du cordonnier de Montbazon, à l'angle de la rue des Moulins et de la rue Emmanuel Brault.

Tous deux aujourd'hui détruits, l'éolienne et le lavoir de Sorigny étaient implantés sur le ruisseau du Mardereau avant d'être remplacés par la laiterie coopérative devenue, désormais, une annexe du centre des apprentis de Château-Gaillard.

Un jeune Montbazonnais a dessiné la place de la Mairie en décembre 1866 avec sa pompe à eau remplaçant l'enseigne de l'auberge de l'Image et l'hôtel de ville avant son agrandissement. La statue de la Vierge avait été hissée sur le Donjon un mois plus tôt.

Le même point de vue photographié quarante ans après avec la mairie surélevée d'un étage. Le cantonnier municipal, le fameux "père Thiou" et sa carriole à chien, s'active pour nettoyer la place, accueillant à cette époque le marché du mardi.

Aussi calme au début du siècle qu'il l'est demeuré de nos jours, le centre-bourg de Sorigny regroupe sur le parvis de l'église ses principaux commerces. On peut encore sortir son banc sur le seuil de sa porte pour discuter, en plein air, avec ses voisins.

Donnant à la fois sur la mairie et sur l'église, traversée par la grande route suivant les rives de l'Indre, la place principale d'Esvres fut percée au début du XIXe siècle en dehors du tracé de l'ancien bourg médiéval. A droite de l'ancienne mairie, on aperçoit la boucherie de monsieur Breton puis l'épicerie de madame Hurlet.

L'ancienne route principale reliant le bourg de Sorigny à celui de Louans devint quasiment déserte en raison du percement de l'actuelle RN 10, en 1744-46, déviant la circulation à l'ouest. Au premier plan, à gauche, la boucherie et son élégante marquise.

La place de la Mairie, à Esvres, rejoint celle des Ecoles, généreusement ombragée. Entre elles, l'épicerie-mercerie-quincaillerie des Docks du Centre et, à droite, la maison de monsieur Bullot, propriétaire de carrières de pierres très abondamment exploitées pour les nombreux chantiers des environs.

Face à l'église de Veigné, le charcutier et l'épicière sont sortis de leur boutique pour apparaître sur le cliché. Les cartes postales du début du siècle servaient bien souvent de publicité aux commerçants locaux qui tenaient donc à y figurer en bonne place.

La place de la gare d'Esvres, que l'on distingue à l'extrême droite, est bordée du bureau de poste, aujourd'hui devenu une maison particulière, et du restaurant Au Rendez-Vous de la Gare, tenu par monsieur Douard puis par monsieur Bureloux.

Les "marches du château" conduisent à l'ancien logis seigneurial du village, vaste bâtisse Louis XV, cantonnée de six tours du XVe siècle et de remparts médiévaux. Une partie de ce château accueillait l'école libre tenue par les soeurs de Saint-Martin de Bourgueil.

II

Les campagnes : vie rurale et châteaux

Ces bonnes vieilles, coiffées de leur bonnet tourangeau, échangent quelques menus propos en gardant leurs vaches dans la prairie de l'Indre sous l'oeil vigilant des chiens. Ce tableau aurait pu inspirer le peintre Millet, friand de scènes champêtres... Plus modestement immortalisé en carte postale, ce "modèle du genre" se vendait aussi bien situé à Esvres que, plus anonymement, dans la série des "scènes pittoresques du Centre de la France", devenant ainsi un archétype de la vie rurale tourangelle.

Sans parler pour autant de "fermes industrielles" comme il en existait en Touraine à la fin du XIXe siècle, quelques exploitations agricoles du val de l'Indre furent créées en tant qu'"établissements modèles" tels qu'au château de Reignac, à celui de Montchenin à Esvres, près du prieuré de Vontes ou encore, ici, à la ferme des Granges, au sud du bourg de Monts.

Retour des foins à Esvres, vers 1935, pour la tante de René Beaudet, accompagnée de son âne sans doute nommé Martin comme beaucoup en Touraine. Traction animale à bon marché, on comptait encore 600 ânes et 200 mulets en Indre-et-Loire en 1957.

Les futailles sont prêtes pour les vendanges à la ferme de la Guerrie, à Monts, vers 1905. Ce modèle de grange, typiquement tourangelle avec son avancée couverte de tuiles, se retrouve tout au long de la vallée de l'Indre.

Montbazon comptait encore, vers 1840, une quarantaine d'hectares de vignes à La Bafauderie, Les Lacs d'Amour, La Garenne du Donjon et sur l'emplacement des actuels Vergers royaux de la Loire (près des établissements Kenzo). Ici, la famille Beaudet célèbre les vendanges de 1936, au Clos de l'Image.

Avec la fin de l'après-guerre et grâce au plan Marshall, l'agriculture se modernisa très vite au cours des années 1950-60 en Touraine comme partout ailleurs. Ici, l'un des premiers tracteurs Mac Cornick, marque des plus courantes avec Massey-Ferguson dans nos contrées. Malgré tout, l'on dénombrait encore 28 000 chevaux contre 6 090 tracteurs agricoles en Touraine en 1957.

Pas moins de sept personnes s'attèlent au travail autour d'une batteuse de taille impressionnante à la ferme du Clos de l'Image, 19, rue de la Bréanderie à Montbazon. Durant l'été 1953 se retrouvaient : monsieur Massoteau (deuxième en partant de la gauche), messieurs Dahuron et Nouvellon (troisième et quatrième) tandis qu'étaient perchés sur l'imposant "mastodonte" monsieur Lebas et monsieur Pénavaire (bras levés), pompier de la commune.

Assez répandues dans tout le val de l'Indre (on en rencontre d'autres au moulin d'Avon ou à Courçay), les cressonnières de Nantilly, à Esvres, ont été créées en 1905 par Jules Barateau, en bordure du chemin de Varidaine, jadis emprunté par les pélerins de Compostelle.

En contrebas des magnifiques jardins en terrasse dessinés par le célèbre paysagiste Eugène Bühler au château de Vaugrignon, à Esvres, un couple de faucheurs s'active à ramasser les derniers foins après les moissons.

Outre un chapelain à demeure, une gouvernante et un précepteur, monsieur de La Ville-le-Roulx avait encore engagé au château du Breuil de Monts, pour l'éducation de ses filles Yvonne (future madame Dezarrois) et Hélène (plus tard madame Crublier de Fougères), un maître de musique, monsieur Cabassol, violoncelliste assez réputé, qui prend manifestement plaisir à exécuter ici une petite sérénade en plein air, devant la terrasse du château !

Royale arrivée vers 1895 de madame Crublier de Fougères, venue avec quelques invités rendre visite à son père, Paul-Ferdinand de La Ville-le-Roulx, au château du Breuil. Les valets de pied en livrée contrastent quelque peu avec les deux palefreniers en bras de chemise ! En femme d'autorité, madame de Fougères avait pris les rênes des mains de son cocher, resté assis à ses côtés, pour mener elle-même la voiture...

Avec celui du Breuil, le joli château de La Roche, situé de l'autre côté de l'Indre, à Monts, est depuis 1796 le berceau de la famille de La Ville-le-Roulx, très importants propriétaires terriens de la région où ils ne possédèrent pas moins de quatorze châteaux et manoirs, quatre moulins et de nombreuses fermes et métairies.

Toute la famille est réunie vers 1900 au château de La Roche autour de Joseph-Antoine de La Ville-le-Roulx, sa femme Jeanne Le Borne de Lalieux, ses deux filles Yvonne et Hélène et sa cousine, madame Crublier de Fougères. Gouvernante, nurse et chapelain ont été invités à poser sur le cliché comme faisant "presque" partie de la famille.

Un précieux daguerréotype a été pris en 1861 de l'ancien manoir de La Tortinière, à Veigné, avant d'être rasé. Cette modeste "maison des champs" d'époque Louis XIV, cantonnée de tourelles remontant à la Renaissance, fut remplacée cinq ans plus tard par l'élégant château actuel, construit par l'architecte Jean-Charles Jacquemin, déjà auteur du palais de justice et de la Caisse d'épargne de Tours, pour madame veuve Dalloz, petite-nièce de George Sand. Son style, inspiré d'Azay-le-Rideau, s'harmonise parfaitement avec son parc à l'anglaise, dessiné par Eugène Bühler à l'emplacement d'anciennes vignes.

Disparu dans un incendie il y a dix-neuf ans, le charmant château du Creuzeau, à Veigné, avait été construit en 1862 pour madame Vergé, soeur de la propriétaire de La Tortinière et par le même architecte. Son parc vallonné, percé d'étangs, fut également dessiné à la même époque par E. Bühler.

Totalement méconnaissable depuis sa transformation en somptueux "palais" de style Premier Empire en 1937, le château de La Guéritaulde, autre fleuron de Veigné, est l'oeuvre du célèbre Ludovico Visconti (1824), plus tard architecte officiel de la ville de Paris puis de Napoléon III. Son parc a été revu en 1938 par le non moins fameux paysagiste Achille Duchêne.

"Monument-phare" de Monts, le château de Candé était, depuis 1852, la propriété des Drake del Castillo, d'origine anglo-cubaine, grands rivaux des La Ville-le-Roulx (ils seront tour à tour maires de la commune) avec qui ils finiront par s'allier. C'est aux Drake que l'on doit, sur la gauche, la construction de l'imposante aile néogothique greffée contre le château d'origine (le pavillon de droite cantonné de deux tourelles), édifié en 1508 par les Briçonnet.

Impeccablement alignés devant les écuries du château du Breuil, le cocher et son valet de pied, droits comme des piquets, les chevaux presque au garde-à-vous, attendent les ordres de madame de La Ville-le-Roulx qui va aller prendre le thé chez ses cousins, au château de La Roche.

Le manoir de Taffonneau, à Veigné, est typique de ces nombreux domaines agricoles construits dans notre province durant les XVe et XVIe siècles par de riches bourgeois de Tours, comme ici la famille Berruyer, changeurs d'or. Tous possèdent le même style architectural et beaucoup sont encore utilisés, à l'instar de Taffonneau, comme ferme.

On remarque à travers la campagne du val de l'Indre de nombreux témoins du "petit patrimoine rural" tels que vieux ponts et calvaires, lavoirs et fours à pain, où, comme ici à la ferme de Bazonneau, à Montbazon, quelques puits d'aspect très pittoresque : celui-ci porte la date de 1570.

La vie mondaine était très active, en ce début de siècle, au château de Couzières à Veigné où la baronne de Turckheim (nouvelle propriétaire à partir de 1909) engagea de vastes restaurations. On y admire le dessin de majestueux parterres à la française dus au paysagiste Louis Decorges.

Autre oeuvre de l'architecte Jean-Charles Jacquemin, déjà auteur des châteaux de La Tortinière et du Creuzeau sur la même commune, celui de Thorigny à Veigné (1846) reflète le style Charles X si répandu à Tours et dans l'ensemble de notre département.

Oeuvre tout à fait inouïe en plein XXe siècle, phénoménal chantier qui s'étala sur plus de vingt ans, la construction du château du Puy d'Artigny dominant la grande boucle de l'Indre, à Montbazon, est, à tous points de vue, une entreprise exceptionnelle. Le vieux château que le parfumeur F. Coty acheta en 1912 à Raymond Bacôt (arrière-grand-père de madame Chirac...) était un amalgame de différentes époques : à la gentilhommière élevée en 1769 (en haut à gauche), on avait accolé en 1886 une énorme aile de style néo-Renaissance, tandis qu'au pied de la colline le moulin de La Braye datait de 1874.

L'ensemble fut donc rasé en 1913 et remplacé par l'un des plus somptueux châteaux d'Indre-et-Loire, achevé, pour le gros-oeuvre extérieur, en 1921, où F. Coty copia exactement le château de Champlâtreux (Val d'Oise), édifié sous la Régence. Sur ce cliché de 1927, on achève la reconstruction en style normand du moulin de La Braye, encore caché par des échafaudages.

A la gentilhommière d'origine, élevée en 1769 dans le goût "Louis XV campagnard", Raymond Bacôt n'avait pas craint d'ajouter, en 1888, cette tourelle octogonale d'aspect assez discordant, donnant sur une grande pelouse encadrée de cèdres.

Seul subsistait de l'ancien château Renaissance le petit "bijou" architectural de la porterie où, entre deux tours circulaires dont l'une abritait la chapelle, était jeté un pont-galerie en damier de briques et pierres. Ce portail d'honneur fut rasé en 1919 pour laisser place à un parterre à la française qui, finalement, ne fut réalisé que quarante-trois ans plus tard.

Réputées dans la France entière pour leur incroyable modernité, les serres d'Artigny occupent au sud du château une surface de près de 3 hectares autour d'une gentilhommière de style Art Déco, édifiée par François Coty en 1923. Le parfumeur reconstruisit encore, comme dépendances de son domaine, les moulins de La Bouchère et de La Fresnaye, le pavillon de garde et la ferme de Fosse-Eglise, le tout s'étalant sur 348 hectares.

Tiré au cordeau, le potager sépare les serres, les communs et, à l'extrême droite, la vieille ferme du XVIIIe siècle. Près du château terminé, un énorme échafaudage recouvre la chapelle en cours de construction (copiée, quant à elle, sur celle du palais de Versailles...). Nous sommes ici en 1934. Le décès de F. Coty marqua l'arrêt du chantier qui ne fut repris et achevé qu'en 1959, au moment de la transformation du "palais du Nez d'Or" en hôtel de grand luxe.

Outre celui d'Artigny, on édifia encore d'autres châteaux et manoirs en vallée de l'Indre bien au delà de la Première Guerre mondiale. En témoigne la reconstruction, en août 1925, de la maison de maître de Bourroux, à Veigné. La propriétaire, madame Avenet (la vieille dame assise au centre) vient constater l'avancement des travaux menés par Fernand Moiré (debout à gauche avec la casquette), maçon à Montbazon.

Vers la même époque (1929), c'est le château de Longue-Plaine, à Sorigny, qui est doté par Henry Doyen d'un nouveau portail d'honneur, de style néogothique quelque peu grandiloquent, que son ami William Dudley (propriétaire du donjon de Montbazon et architecte amateur) lui a dessiné, en s'inspirant d'un authentique manoir du XVIe siècle de la région de Chinon.

Le vénérable Donjon de Montbazon, l'un des plus anciens châteaux de notre pays puisque sa fondation par Foulques Nerra remonte précisément à l'an 991, fit l'objet de vastes restaurations entreprises par William Dudley, mécène américain qui souhaitait en faire "*le petit Carcassonne tourangeau*".

On comparera la vue du Donjon vers 1900, surmonté de sa statue de la Vierge, avec cette photographie prise en 1933 au moment de la fin du gros-oeuvre des rénovations. L'esplanade de 1,2 hectare s'étalant devant la tour était alors plantée en vigne que W. Dudley se plaisait à vendanger lui-même pour sa consommation personnelle... et celle de ses nombreux invités.

Le Donjon étant inhabitable, c'est l'une des quatre tours d'enceinte que W. Dudley choisit de reconstruire pour y demeurer avec sa femme, lady Eliott... et sa tendre amie l'artiste-peintre Lilian Whitteker. Menés de 1924 à 1926, les travaux consistèrent à relever presque entièrement cette tour en ruines du XVe siècle que l'on couronna d'une terrasse crénelée dominant, de l'autre côté, le bourg et la rue Nationale.

Accolé à cette tour fut ajouté, en 1933, un charmant petit "manoir de poupée", le *Logis de William*, inspiré du château de La Fresnaye à Monts. Meublé de copies exécutées par l'ébéniste de Montbazon d'après les collections du musée de Cluny, orné de vitraux du maître-verrier de Tours, Lux Fournier, et décoré de fresques à sujets historiques par Lilian Whitteker, les plans de cette maison avaient été dessinés par W. Dudley lui-même, assisté de l'architecte Stéphane Vallée.

Avant d'entamer le chantier, les ouvriers engagés pour la restauration du Donjon posent devant l'objectif au pied du monument millénaire. On retrouve ici la même équipe qui avait déjà travaillé au manoir de Bourroux, Fernand Moiré (dit "Manceau") et Léon Chartier, tous deux maçons de Montbazon, avec le chien Bosko, la mascotte des lieux.

Pendant dix-sept ans, le Donjon fut le cadre d'une "vie de château" tout à fait hors du temps, où la colonie artistique des Américains de Touraine fréquentèrent Dudley et Lilian Whitteker. On voit ici celle que l'on appelait "la Dame de Montbazon" dans sa chambre, au *Logis de William*, avec l'un de ses tableaux au mur.

Tout autant architecte que sculpteur ou paysagiste (il avait déjà dessiné, aux Etats-Unis, quelques parcs publics), Dudley réalisa lui-même un délicieux "jardin gothique" adossé au Donjon, à l'ombre de ses courtines, qu'il décora de diverses sculptures, ferronneries, statues anciennes et vieilles girouettes achetées chez les antiquaires de la région.

III
L'Indre, les ponts et les moulins

L'Indre a toujours été, pour les pêcheurs comme pour les simples "plaisanciers", un but de promenade très fréquenté comme, ici, à Monts.

Léon Berland, l'aubergiste du Cheval Blanc, place de l'Eglise à Veigné, se décida vers 1890 à louer aux amateurs pour leur servir de coup de pêche quelques parcelles de prés qu'il possédait au bord de l'Indre, en aval du Grand-Moulin.

Il fut en cela presque aussitôt imité par ses voisins, eux aussi propriétaires de terrains donnant sur la rivière, et bientôt, chaque dimanche, guinguettes et concours de pêche animèrent le bourg de Veigné.

D'autres pêcheurs préféraient toutefois la solitude et l'isolement : quelle meilleure situation pour lancer l'hameçon que le Pont-Girault, aux limites d'Esvres et de Saint-Branchs ! En contrebas du parc du château de Montchenin, ce vénérable monument du XIVe siècle aux trois belles arches en ogives gothiques, aurait été -dit la légende locale- traversé par Jeanne d'Arc lors de sa chevauchée en Touraine en 1429...

Plus récent (1752) mais d'une architecture tout aussi remarquable, le pont Saint-Jean-Baptiste de Montbazon est l'oeuvre des mêmes ingénieurs qui édifièrent le "pont de Pierre" de Tours. En bordure de son canal, l'aubergiste du Croissant installa une guinguette réservée à ses clients tandis que, parfois, quelque sportif intrépide utilisait les parapets du pont pour un plongeon dans l'Indre !

Cinq ponts successifs enjambent, en arrivant dans le bourg de Monts par la route de Tours, l'Indre et ses multiples bras et rigoles, desservant le moulin de la Croix-Rouge (datant de 1868, à l'extrême gauche) et, au centre, le moulin de la famille Cuirrassier, dit "moulin du pont".

Véritable monument historique, considéré à l'époque de sa construction (1845-48) comme "*le plus bel ouvrage d'art de la ligne Paris-Bordeaux et d'un travail digne des pharaons*" (sic), le viaduc ferroviaire de Monts qui sépare les parcs des châteaux de La Roche et de Candé a toujours constitué l'endroit préféré des pêcheurs.

Avant son réaménagement en 1943 avec équipements sportifs et guinguette au bord de l'eau, la "plage" de Montbazon consistait en une simple passerelle de bois jetée sur l'Indre en aval du pont. Une dizaine de cabines de toile prouve que l'endroit était, dès les années 1930, assez fréquenté.

Devenue récemment propriété publique, l'île de la Grande-Islette, dans le bourg de Montbazon, était déjà le cadre, au début du siècle, de réjouissances champêtres, kermesses paroissiales et autres fêtes au bord de l'Indre.

Le patron du café de La Petite Chaumière, quant à lui, préférait profiter égoïstement de son coup de pêche, situé contre le pilier nord du pont de Montbazon, dépendant de sa propriété de La Grenouillère.

En bas de la côte de Vaugrignon, un peu avant d'arriver dans le bourg d'Esvres, monsieur Connin possédait au début du siècle un étang alimenté par une source avec une petite île centrale qu'il aménagea pour le plaisir des promeneurs et des pêcheurs. La propriétaire suivante, madame Massoteau, construisit sur l'île, vers 1933, un charmant kiosque et peupla l'ensemble d'une colonie de canards.

La vallée de l'Indre est, avec un moulin établi en moyenne tous les 800 mètres, véritablement "*la vallée des moulins*". Le plus "artistique" de tous est certainement celui des Avrins, dans le bourg de Montbazon, qui a succédé à une huilerie de colza incendiée en 1883. Onze ans plus tard, son propriétaire, l'industriel Paul Lesourd, la remplaça par ce joli manoir de style anglo-normand construit en travers de la rivière...

... tandis qu'au fond de son parc (dessiné par le célèbre paysagiste Eugène Bühler), s'élevait un étrange pigeonnier-kiosque aux allures japonaises. La proprieté comprend encore un chalet normand et un superbe pont en fer forgé, le tout situé dans l'un des plus beaux parcs de la région.

Les vastes bâtiments de la filature du moulin de Bourroux, à Veigné, étaient établis sur les rives de l'Indre, en contrebas du château de La Tortinière. La famille Roze, les célèbres soyeux de Tours, y fabriquait des tapis et articles en lainage qui, plus d'une fois, recueillirent médailles et récompenses lors des Expositions universelles de Paris.

C'est à partir d'un vieux moulin cité dans les archives dès l'an 1070 que les chanoines de la cathédrale de Tours, propriétaires de Bourroux sous l'Ancien Régime, édifièrent en 1619 de nouveaux bâtiments. Agrandi au XIXe siècle d'une chapelle, de logements pour les ouvriers filateurs, d'un atelier de teinturerie et de plusieurs autres annexes, le site fut entièrement transformé en 1904 par monsieur Avenêt en une propriété campagnarde pleine de charme avec manoir fleuri et petits ponts en brique...

Le Grand-Moulin ducal constituait au Moyen Age l'une des banalités féodales relevant du Donjon de Montbazon. Entièrement dévastés par la fameuse crue de novembre 1770, les bâtiments furent reconstruits deux ans après et à nouveau agrandis, en 1862, de la grande aile principale que l'on voit ici. La roue est abritée sous l'appentis en bois, à gauche.

Depuis les vannes du Grand-Moulin de Montbazon, une vue sur la maison de Juche-Perdrix (à gauche) utilisée comme "asile de vieillards" puis en tant qu'hôpital militaire durant la Première Guerre mondiale et, à droite, la belle villa *Avrina*, élevée en 1897 par Paul Lesourd (propriétaire du moulin voisin des Avrins) pour son fils.

Construit en 1867 dans le même style que le Grand-Moulin de Veigné, par le même architecte (Albert Bataille) et pour le même propriétaire (Santiago Drake del Castillo), le moulin de Beaumer à Monts dépendait du domaine du château de Candé, qui possédait déjà sur cette même commune le Moulin-Couché. Devenu usine électrique en 1931, Beaumer cessa toute activité dix-huit ans plus tard.

Trois moulins se côtoyaient, presque mitoyens les uns des autres, sur le grand pont du bourg de Monts : celui de la famille Cuirrassier, successivement reconstruit en 1833 puis 1869 et à nouveau après la Seconde Guerre mondiale, était l'un des onze moulins établis sur la commune.

D'une architecture tout à fait remarquable, le Grand-Moulin du bourg de Veigné a succédé en 1870-74 à un précédent bâtiment, ayant appartenu de l'an 1296 jusqu'à la Révolution à l'abbaye de Cormery. Au moment de sa fermeture, en 1960, il employait une trentaine d'ouvriers avant d'être acquis par la commune en 1981. Restauré, embelli et constamment fleuri, le Grand-Moulin est aujourd'hui occupé par plusieurs associations culturelles vindiniennes.

L'imposant moulin de Pont-Joly, à Esvres, fut incendié en 1912 : il était alors utilisé comme café par madame veuve Gélugne, dont la bru tenait, près de la mairie, le café des Bons Enfants. Cette grande bâtisse, construite en travers de l'Indre sur un pont à trois arches, possédait de belles lucarnes "à chapeau de gendarme" typiquement de style Louis XV.

Face à l'actuelle station d'épuration, sur la rive sud de l'Indre, le moulin de Port-Joie, toujours à Esvres, tire son nom du latin *portus gaudus* : c'était l'un des neuf moulins que comptait encore la commune au début de notre siècle, certains à blé, d'autres -comme celui des Poulineries- devenus de vastes ensembles industriels.

Le plus charmant de tous les moulins du val de l'Indre est sans conteste celui de Vontes, aux limites entre Esvres et Cormery, constitué de trois bâtiments distincts, chacun muni de sa propre roue. Ce moulin dépendait d'une terre offerte en 1070 par le comte d'Anjou à l'abbaye de Cormery où les moines construisirent un prieuré dédié à saint Pierre : c'est là que mourut "en odeur de sainteté" le bienheureux Léothéric, le 14 septembre 1099.

IV
Commerces, cafés et industries

Le premier des douze cafés montbazonnais que le voyageur découvrait en arrivant de Tours était celui de La Petite Chaumière, annexé au café de La Courtille voisin, à l'angle de la nationale 10 et de la rue de la Vennetière. Dans les années 1900, un billard y attirait de nombreux clients avant qu'une partie du bâtiment ne soit transformée, en 1922, en garage automobile.

Hôtel du Croissant

LE SEUL AU BORD DE L'INDRE

MONTBAZON (Indre-&-Loire)

FRITZ PELLETIER

T. C. F. PROPRIÉTAIRE T. C. F.

Cette charmante petite ville, située sur les bords de la rivière l'Indre, n'est qu'à 12 kilomètres de Tours ; elle est traversée par la grande route de Paris à Bordeaux ; aussi tous les Touristes et Excursionnistes ne manquent jamais de s'arrêter à l'HOTEL DU CROISSANT, renommé pour ses fritures incomparables, son excellente cuisine et sa très bonne cave, dont ils emportent un savoureux souvenir.

Le confortable règne dans cet établissement agrémenté d'un grand Jardin avec Tonnelles, Kiosque et Terrasses d'où les dames et les enfants peuvent pêcher sans le moindre danger. Rendez-vous l'été de nombreux promeneurs et visiteurs ; les amateurs de pêches fructueuses y trouveront des bateaux à leur disposition et les Touristes des voitures à volonté pour explorer ce beau coin de la Touraine en visitant les châteaux environnants.

Déjeuner, 2 fr. 50 - Dîner, 3 fr.

CHAMBRES CONFORTABLES - GARAGE POUR AUTOS

Poste, Télégraphe, Téléphone, à proximité

ARRANGEMENTS POUR FAMILLES ET LONGS SÉJOURS

Le plus renommé des hôtels de Montbazon était, avec celui de l'Image, place de la Mairie, Le Croissant (1, rue Nationale) qui offrait à sa clientèle une terrasse au bord de l'Indre avec tonnelle ombragée et coup de pêche privé. Fondé en 1754, cet établissement a fermé ses portes en 1961, après avoir été successivement exploité au début du siècle par Léon Guilpain puis Fritz Pelletier vers 1910 et Edmond Lemoine en 1919.

Georges Choisy, nouvel aubergiste du Croissant à partir de 1932, agrémenta la façade donnant sur la rue Nationale d'une verrière permettant aux clients de s'attabler sur le trottoir comme à une vraie terrasse, et ajouta une belle enseigne en forme de croissant lumineux. C'est ici que descendit, en 1949, le champion cycliste Rick van Steenbergen.

Donnant sur l'ancien marché aux poireaux (actuelle place des Marronniers), l'auberge du Cheval Rouge s'appuyait jadis à l'une des quatre portes des remparts de Montbazon tandis que sa façade principale longeait la douve médiévale. Aujourd'hui rebaptisé La Chancelière, ce café-restaurant fut longtemps tenu par la famille Doucet. On devine, à l'extrême droite, la maison de la famille Renault (actuelle perception).

Deux établissements rivaux portaient à Monts une enseigne similaire : l'hôtel de la Gare et l'hôtel du Chemin de Fer (à ne pas confondre !). Le premier, à l'arrivée du train, servait de station de départ pour l'omnibus allant à Artannes. La famille Rimbault y succéda à Henry Chaintron, aubergiste des lieux vers 1900.

Malgré son nom, l'hôtel du Chemin de Fer était très éloigné de la gare puisque situé, en fait, dans le centre du bourg de Monts, à l'angle de la rue Tortevoie et de la rue Jean Colin, face au pont sur l'Indre. L'établissement était presque mitoyen de l'hôtel du Lion d'Or.

Appelé auberge de la Tête Noire sous le Premier Empire, cet authentique manoir du XVe siècle situé en plein centre-ville de Monts (14, rue Tortevoie) fut rebaptisé par monsieur Giroux du nom du Lion d'Or, enseigne très courante partout en France basée sur un jeu de mots dont raffolaient tant nos grands-pères : "*Au lit on dort*"...

Le restaurant Chauffeteau, à Monts, était principalement fréquenté par les "Ripaulins", surnom donné aux ouvriers du Ripault. Situé au village de Vontes, devant les grilles réservées à l'entrée du personnel de la poudrerie, on y trouvait aussi des articles d'épicerie et du vin. Comme toutes les maisons alentour, ce café a disparu lors de l'explosion de la poudrerie en 1943.

En bordure de la rue Principale d'Esvres, l'hôtel du Croissant était tenu vers 1900 par Henry Folia puis, une dizaine d'années plus tard, par monsieur Véron qui le rebaptisa Auberge du Péron (actuelle boucherie Chevalier, au numéro 38). Sa vaste cour intérieure est aujourd'hui devenue une place publique.

Ce café-restaurant situé à l'entrée de la poudrerie du Ripault, à Monts, portait pour enseigne Au Canon des Hommes Sans Peur. On l'appelait toutefois plus couramment le café Mano, du nom de son patron, qui y faisait aussi commerce d'épicerie, tabac et articles de pêche. Ce cliché a été pris en 1927. La fillette sur le vélo, au premier plan, est la future madame Foirier.

La plupart des commerces montbazonnais s'alignait le long de la rue Nationale, la principale artère du centre-ville alors encore épargné par la circulation automobile. En face du tabac, le café de l'Agriculture (aujourd'hui rebaptisé La Source, au 31, rue Nationale) fut successivement exploité par monsieur Naveau en 1919, monsieur et madame Servouze en 1922, puis monsieur Lahaye à partir de 1926 qui lui donna sa nouvelle enseigne.

Sur cette autre vue de la rue Nationale vers 1900, on reconnait, au premier plan à gauche, la boule à crinière du coiffeur pour dames (dont le salon n'a disparu que récemment) et en face, à l'angle de la place de la Mairie, le tabac-journaux-articles de pêche de monsieur Rouget. S'ensuivent la devanture du pâtissier Quantin et, après la petite ruelle des Tanneurs, celle de monsieur Blottin (36, rue Nationale) puis du plombier-zingueur Arnault.

Des deux boulangeries existant en 1925 dans le bourg de Sorigny, ne subsiste plus aujourd'hui que celle du 4, rue de la Poste (actuelle boulangerie Minier). La seconde se trouvait quelques mètres plus loin, rue René Guignard.

Le pâtissier Quantin, la pâtissière et le petit mitron du 34, rue Nationale à Montbazon avaient leur échoppe de gâteaux et friandises mitoyenne de leur concurrent, le pâtissier Guénault, établi en 1934 au numéro 32 ! Les boulangers de l'époque (messieurs Persil et Aubert) ne fabriquaient que du pain et des brioches : la pâtisserie constituait alors un commerce distinct. J. Quantin aura pour successeurs messieurs Chéramy puis Ballon (actuelle pâtisserie La Duchesse).

Entre les "cent marches" montant au château et le marchand de vin, liqueurs et spiritueux de la place G. Lhermite, la modeste boulangerie de monsieur Quillet était l'une des trois existant dans le bourg d'Esvres au début des années 1910. Les autres étaient tenues par messieurs Virouleau et Pidan.

Typique des devantures en bois des années 1900, l'épicerie Centrale de madame veuve Girault-Meunier était située en plein centre-bourg de Montbazon, à l'angle de la rue Nationale et de la rue de Monts (actuelle galerie de peinture Artgument). Non moins caractéristiques sont les publicités pour les chocolats Poulain et Menier ou le Kub Or.

Madame Simonin tenait vers 1930, au 71, rue Nationale à Montbazon, une succursale des épiceries les Eco (Etablissements économiques de Touraine, dont le siège était à Joué-les-Tours) qui fut remplacée cinq ou six ans plus tard par l'épicerie Au Chat Noir de monsieur et madame Fardeau.

Si les principaux commerces de Monts se regroupaient autour de l'église du village, au sommet de la colline dominant le cours de l'Indre, d'autres, cependant, s'étalaient le long de la rivière sur la route de Montbazon à Artannes (actuelles rues du Val de l'Indre puis Tortevoie), tels le charcutier et, un peu plus loin, les hôtels du Chemin de Fer et du Lion d'Or.

Une superbe "carotte" annonce le bureau de tabac de Monts tenu par P. Copin, successeur de monsieur Jouteux, également dépositaire du *Petit Journal* et du quotidien tourangeau *la Dépêche*. Ce type d'enseigne correspond à l'assemblage de feuilles de tabac roulées sur elles-mêmes en forme de carotte.

Comme souvent dans les petites villes de campagne au début de notre siècle, l'épicerie du bourg vendait un peu de tout... Ainsi, la boutique de monsieur Audebert, place de l'Ecole à Esvres, arborait autant une enseigne de coiffeur qu'une nasse de pêcheur tandis que le store annonce le commerce de mercerie et confection ou la vente de graines. On y trouvait encore des livres, journaux et articles de papeterie.

Montbazon comptait vers 1920 trois plombiers-couvreurs-ferblantiers, messieurs Vaslin, Moine et Arnault. Le magasin de ce dernier fut repris en 1923 par monsieur Robert, dont l'épouse et le fils Pierre sont sortis sur le seuil de leur porte au 37, rue Nationale. Leur commerce devint plus tard la quincaillerie Caténa tenue par "Jeannot", l'autre fils de monsieur Robert (actuel cabinet vétérinaire).

Quelle vitrine de choix pour le boucher de Sorigny ! Aujourd'hui devenu simple maison particulière, rue de Louans, ce commerce était tenu par trois hommes, avec la femme du patron à la caisse -sans oublier le chien qui ne semble guère excité par toute cette viande bien fraiche !

Mitoyen du café de l'Agriculture (actuellement La Source au 31, rue Nationale à Montbazon), le pittoresque salon de coiffure de monsieur Jodeau s'ornait d'une resplendissante boule dorée à laquelle pendait une crinière, enseigne habituelle des coiffeurs au début du siècle. Celui-ci servait en outre de kiosque à journaux et de débit de tabac, marchand de cartes postales et de nouveautés.

Plusieurs “laiteries coopératives” furent créées en val de l’Indre au début du siècle comme à Reignac, Saint-Quentin, Pont-de-Ruan ou Perrusson (avant son transfert à Verneuil). Celle de Sorigny, fondée vers 1907-08 par monsieur Meunier, sera ensuite dirigée par monsieur Boutet (futur maire de la commune), puis messieurs Pinard et Moreau.

Les bâtiments (réutilisés depuis la fermeture de la laiterie vers 1965 par le Centre de formation des apprentis) occupaient l’emplacement de l’ancien lavoir public et d’une très haute éolienne qui marquaient précédemment le centre du bourg.

Outre ses deux premiers garages établis le long de la nationale 10 (l'un pour cycles, l'autre pour automobiles), Sorigny possédait encore un atelier de réparation pour tracteurs et autres machines agricoles installé à L'Oclinière, une ferme à 5 kilomètres au sud du bourg. Une partie du travail d'entretien se faisait, on le voit, en plein air, la taille assez monstrueuse de certaines moissonneuses-batteuses et locomobiles ne permettant pas de les rentrer à l'abri sous les hangars.

L'actuel garage Renault de Sorigny (21, rue Nationale, à l'angle de la route de Monts) était déjà, dans les années 1930, un atelier d'entretien et de réparation automobile, dirigé par monsieur Gentilhomme, avec pour enseigne l'étoile rouge et blanche des huiles Texaco.

Une imposante pompe à essence de près de quatre mètres de haut servait d'enseigne au garage de Jean-Baptiste Louvet établi dans les années 1935-39 à Sorigny. Il avait succédé à J. Bussereau, marchand de cycles vers 1910, dont on avait conservé (en haut à gauche) l'enseigne en forme de vélo.

Quatre garages automobiles s'ouvrirent à Montbazon durant l'entre-deux-guerres, malgré la relative rareté des voitures à cette époque. Celui que monsieur Auchaire tenait en 1930-32 au 38, rue Emmanuel Brault (rue Nationale), secondé par Raymond Mazoué (à l'extrême gauche), avait sa façade recouverte de multiples tôles émaillées publicitaires, vantant aussi bien les huiles Mobiloil, Renault et Castrol que les pneus Michelin, les éclairages Champion ou l'essence Esso et même... le chocolat Rozan.

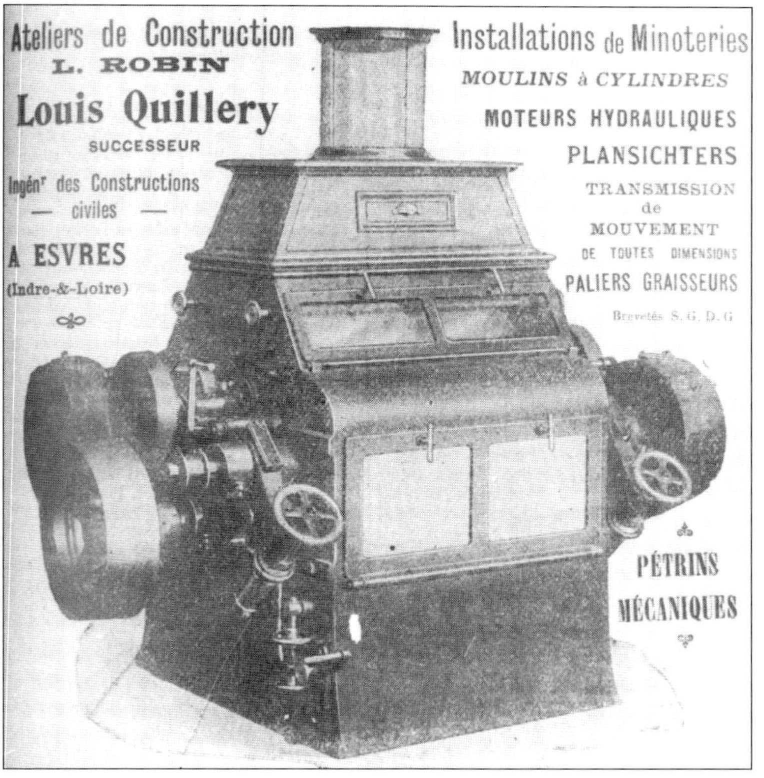

Plus importante entreprise d'Esvres, l'usine Robin s'était implantée près du pont sur l'Indre pour fabriquer des roues, engrenages et mécanismes de moulins. Au décès de monsieur Robin, tué en 1911 dans un accident de chemin de fer, la maison fut reprise par Louis Quillery.

La trentaine d'employés était dirigée par un contremaître, Paul Gibut, un chef menuisier, Henry Varigault, et un ingénieur, monsieur Sanson. Monsieur Cheneau servait de représentant de commerce pour aller proposer les productions de l'usine aux derniers moulins encore en construction à cette époque en Touraine.

ATELIERS DE CONSTRUCTION

L. ROBIN

A ESVRES (Indre-et-Loire)

SPÉCIALITÉ :

INSTALLATIONS DE MINOTERIES

INSTALLATION DE MOTEURS HYDRAULIQUES

Appareils pour le nettoyage des blés; Moulins à cylindres: Bluteries centrifuges; Bluteries ordinaires; Sasseurs; Brosses à son; Élévateurs; Vis transporteuses; etc., etc.

Transmission de mouvement : Arbres en fer forgé et en acier de toutes dimensions. — Engrenages. — Poulies.

PALIERS-GRAISSEURS Brevetés S. G. D. G.

dont tous les organes de graissage peuvent être visités et nettoyés **pendant la marche des transmissions.**

Sécurité **Économie**

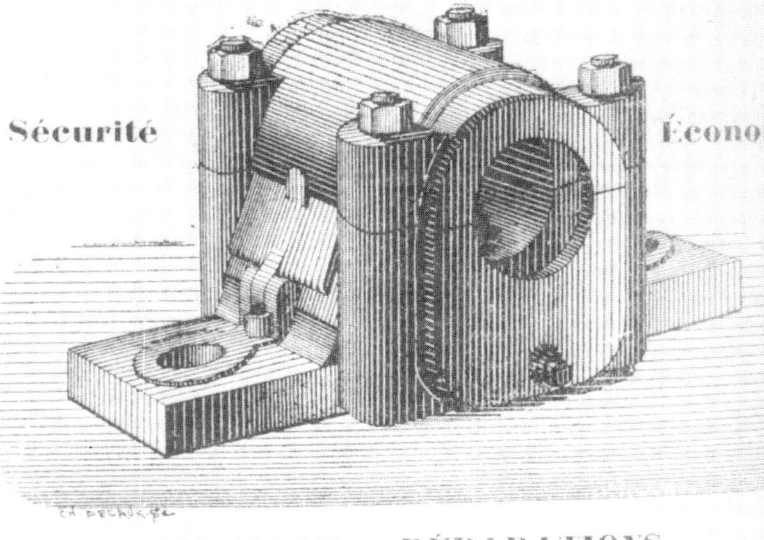

MONTAGE — RÉPARATIONS

Polissage et recannelage de Cylindres

Exposition nationale de Tours : HORS CONCOURS, MEMBRE DU JURY

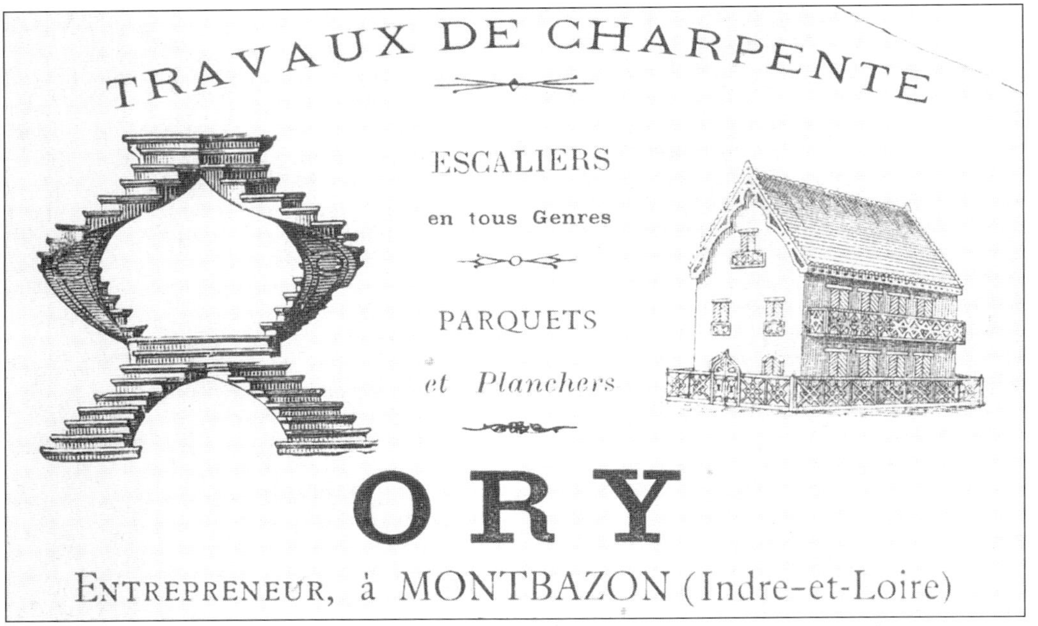

Edmond Ory, décédé en 1911, était le descendant de toute une lignée de Montbazonnais qui furent charpentiers de père en fils ou en gendres depuis Louis XVI, par ailleurs alliés au célèbre Bretonneau et donc, de là, aux rois de Suède et de Norvège ! Sa fille Edmonde épousa, en 1901, Jean-Joseph Catusse, originaire de Nègrepelisse près de Montauban, qui succéda à son beau-père comme charpentier du village.

Toute l'entreprise Catusse s'active à reconstruire, en 1925, la maison de Henry Turpin, le maréchal-ferrant et charron de Montbazon établi place des Marronniers. En haut à gauche, posent le fils du patron, Lucien Catusse, qui lui succédera peu après, et Léon Chartier, entrepreneur de maçonnerie de la Vennetière.

Une entreprise très sollicitée à Esvres en ces années où l'on restaurait beaucoup d'églises et où l'on n'avait jamais construit autant de châteaux, était la Maison Lépine qui fournissait pour ce type de chantiers tout ce qu'il fallait comme objets moulés de décoration : balustres, rampes d'escalier, vases, pinacles sculptés ou bien encore chapiteaux d'inspiration romane.

La filature Roze, installée depuis 1817 au moulin de Bourroux à Veigné, ferma ses portes en 1885. Un dernier bâtiment de l'usine subsista encore quelques temps avant d'être remplacé en 1904 par un petit "manoir" établi au bord de l'Indre. Bourroux était, avec la briquetterie Pichonnière fondée en 1870, la scierie du moulin du Lavoir et l'huilerie du centre-bourg, l'une des quatre usines établies à Veigné.

Sur la commune voisine de Monts, le principal employeur du canton fut durant plus de 150 ans la poudrerie nationale du Ripault dont l'entrée principale s'ouvrait par de belles grilles en ferronnerie posées en 1848. A l'emplacement de deux moulins existant déjà en 1575, transformés sous Louis XV en fabrique de fil de fer, la poudrerie avait été créée en 1786 : on y comptait, vers 1914, plus de 650 employés (les "Ripaulins").

Constamment agrandie durant tout le siècle dernier, la poudrerie nationale avait été presque entièrement reconstruite en 1875, le maréchal-duc de Mac-Mahon, président de la République, étant venu inaugurer les nouveaux bâtiments. Après l'explosion de 1943, le site fut reconverti dix-sept ans plus tard en Centre d'études atomiques.

V

Au fil des jours...

Emilienne Derouin (au centre), Berthe Varigault (à droite) et une autre charmante habitante d'Esvres nous présentent la mode "dernier cri" vers 1905.

Sur la place principale d'Esvres, ombragée de volumineux marronniers, l'école communale recevait dans le même bâtiment filles et garçons, chose encore assez rare à cette époque pour être notée. La grande classe des garçons était dirigée par monsieur Joubert, la petite par monsieur Parfait (qui donnait également des cours du soir), tandis que les fillettes avaient pour institutrices mademoiselle Gillard (remplacée à la rentrée 1913 par madame Onzeray) et madame Comballert, originaire d'Amboise.

L'école publique de filles de Montbazon s'installa, en 1877, dans un bâtiment flambant neuf construit au début de la rue de Monts, à l'emplacement des anciennes halles ducales remontant au Moyen Age. Sa jolie façade en brique et pierre (résolument de "style Jules Ferry") a été totalement ravalée en 1954 lorsque les élèves furent transférées dans de nouveaux locaux, rue du Professeur Guillaume-Louis, et que l'école fut transformée en cinéma et foyer communal (actuel espace Pierre Méry).

Les Soeurs de Saint-Martin de Bourgueil tenaient en Indre-et-Loire, au siècle dernier, de nombreuses écoles privées, dont en particulier celles de Veigné et Esvres. A Montbazon, elles occupèrent de 1872 à 1928 une ancienne dépendance de l'hôtel-Dieu des Franciscaines au 12, rue Emmanuel Brault, où elles construisirent une chapelle dédiée à saint Martin. C'est ce bâtiment qui apparaît en arrière-plan sur ce cliché, vers 1895.

Installée dans l'un des pavillons de la mairie de Veigné, la classe de l'école publique de Jacques Anselme comprenait, à la rentrée de 1926, en bas de gauche à droite, les jeunes Robin, Chagnon, Fumard et Vouteau ; au rang du milieu : Renaud, Moisan, Boucheron, l'instituteur, Fougeroux, Bozon, Mazoué et Quantin ; en haut : Meunier, Pelluard, Moreau, Mermé, Chauveau, Boucher et Serrault.

Les "Colons de Notre-Dame", comme on appelait les pensionnaires de l'école des Frères de Montbazon, sont de sortie en ce jeudi de 1911. Après une baignade dans l'Indre, leurs instituteurs distribuent un goûter très attendu, improvisant un pique-nique dans la prairie faisant face au vieux château d'Artigny.

Monseigneur Nègre, archevêque de Tours, semble noyé au milieu du cortège des communiants d'Esvres en ce 13 mai 1920. La procession, partie de l'église, monte vers le château du village (alors occupé par l'école des Soeurs) sous la conduite de l'abbé Batti, curé de la paroisse, et du futur abbé Meunier.

Sous un dais richement brodé, monseigneur Renou, archevêque de Tours, bénit la foule qui entoure la procession religieuse dans les rues de Montbazon. On reconnait, à droite, le vicaire général et le curé de la paroisse qui ouvrent le cortège empruntant la rue Nationale et passant ici sur le pont Saint-Jean-Baptiste.

L'abbé Constant Liot, curé de Montbazon de 1890 à 1906, fut particulièrement fier de pouvoir sortir, lors de cette procession, la belle bannière brodée d'une Assomption qu'il venait d'acquérir pour la paroisse et qui, aujourd'hui encore, figure parmi le trésor de la sacristie de l'église.

Une grande fête populaire marqua l'inauguration, le dimanche 11 juillet 1943, de la plage de Montbazon créée par l'Aigrette montbazonnaise et le Cercle Saint-Georges. Le programme débuta par un défilé de barques fleuries sur l'Indre passant ici sous le pont du bourg.

La présidente de l'Aigrette montbazonnaise, mademoiselle Madeleine Pinon (en tailleur noir, vers la gauche), mène le premier groupe d'enfants, costumés pour la circonstance, précédant un ensemble de pierrots et colombines puis un char fleuri. La prairie de La Grange-Rouge parait noire de monde pour cette "après-midi récréative et sportive" où le chansonnier Souplex avait été invité à se produire.

A Veigné, au printemps 1944, la Vierge de Boulogne, vissée sur un socle en forme de navire et tirée à bras d'hommes, traverse la vallée de l'Indre de bourg en bourg comme le firent, dans toute la France, quatre copies de la célèbre statue.

Monsieur Giraudeau et Léonie Lepage ont convié les membres de leur cortège de noces à immortaliser cette journée du 23 avril 1902 par une photographie de groupe, prise dans la cour arrière de l'école des filles de Montbazon (actuel cinéma). Quelques femmes, parmi les plus âgées, portent encore le bonnet de dentelle tandis que les hommes du dernier rang arborent de luisants chapeaux haut-de-forme.

C'est devant l'épicerie de madame Hurlet, mitoyenne de l'ancienne mairie d'Esvres, que se sont réunis, en 1906, les invités du mariage de sa fille Alice avec Paul Gibut, contremaître à l'usine Robin. Autour d'eux, les familles Derouin, Delaunay, Ballereau, Guérineau et Varigault.

La noce Robin-Poulinet, en janvier 1912, rassembla pas moins de 90 personnes pour la tradionnelle photo devant la maison du 11, rue de Louans, dans le bourg de Sorigny. Au premier rang, de gauche à droite : Pierre Joubert et sa femme née Aubry portant encore le costume campagnard du XIXe siècle, Roger et Pierre Joubert, les parents du marié, la demoiselle d'honneur, le couple du jour Auguste Robin et Marie Poulinet, Paul Poulinet, frère et témoin de la mariée, Clarisse Boisgard et son mari Antoine Poulinet, parents de la jeune épousée.

Les pompiers d'Esvres essayent, vers 1930, leur nouvelle pompe à incendie sur la place de la Gare, comme ils en avaient l'habitude. Descendu de son affût, l'engin doit être actionné à la force des bras de deux sapeurs.

Créée en 1853 (elle comprenait alors dix sapeurs), la brigade des pompiers de Montbazon se composait, en 1938, d'un tambour (monsieur Guillou, à l'extrême gauche) et d'une vingtaine d'hommes parmi lesquels on reconnait Robert Guénault, Marcel Jodeau, messieurs Gatteau, Tessier, Blaive, Hété, Marquet et Bernardet ou bien encore Degrie, Coatsaliou et Massoteau, tous rangés sur le perron de la mairie.

Impeccablement alignés devant leur camion, les sapeurs-pompiers de Montbazon inaugurent en 1954 leur nouvelle caserne, place des Douves, enfin construite en dur après n'avoir été, pendant près de 25 ans, qu'un simple baraquement en bois récupéré à la poudrerie du Ripault. Au premier rang de gauche à droite, on reconnaît les sapeurs Thétiot, Fruitier, Hété, Guyot (lieutenant), Gaulthier (commandant), Ledoux, Gatteau et Marquet. Au second plan : messieurs Véteau, Tessier, Périgault, Martineau, Pénavaire, Degrie et Massoteau.

Chaque commune, ou presque, avait sa fanfare, son "orphéon" ou sa "société de musique". Celle de Montbazon, fondée en 1897, regroupait une quarantaine de membres sous la direction de monsieur Bruneau, poudrier au Ripault (à l'extrême droite, avec sa baguette à la main), secondé par monsieur Choisy. La belle bannière en velours brodé de l'Union musicale de Montbazon est aujourd'hui conservée à la mairie.

Non moins renommée que sa voisine, la fanfare de Veigné était principalement composée de trompettes, trombones et autres tubas. Ses trente musiciens furent invités, vers 1900, à participer à une rencontre des Harmonies municipales de France avec grosse caisse en tête et bannière haut levée.

MONTBAZON

3 JUIN 1951

ORGANISÉ PAR LA
FÉDÉRATION DES SOCIÉTÉS
MUSICALES D'INDRE-&-LOIRE
SOUS LES AUSPICES DE LA
CONFÉDÉRATᵒⁿ MUSICALE de FRANCE
AVEC LE CONCOURS DE
L'UNION MUSICALE
LA MUNICIPALITÉ
ET LE COMITÉ DES FÊTES
DE MONTBAZON
SOUS LA PRÉSIDENCE D'HONNEUR
de M. A. MANOUVRIER
Président de la Confédération
— Musicale de France —
ET LA PRÉSIDENCE EFFECTIVE DE
M. F. TRAVERS
Président de la Fédération des
Sociétés Musicales d'Indre-&-Loire

GRAND FESTIVAL
FÉDÉRAL ET
DÉPARTEMENTAL

Programme-Souvenir

RÉPUBLIQUE FRANÇAISE

Liberté - Égalité - Fraternité

VILLE DE MONTBAZON

Dimanche 19 Avril 1914

GRANDE ASSEMBLÉE

Avec le concours de "l'Union Musicale" de la ville

LE MATIN : SALVES D'ARTILLERIE

A 2 heures

RÉCEPTION A LA GARE — DÉFILÉ EN MUSIQUE

OUVERTURE DE LA FÊTE

JEUX DIVERS — TIRS

CHEVAUX DE BOIS — LOTERIES - MASSACRES

Passage de la Course "PARIS-TOURS"

A 4 heures

Concert par la Fanfare, place des Marronniers

FÊTE DE NUIT

Bals Publics

ILLUMINATIONS GÉNÉRALES DE LA VILLE

Grande Retraite aux Flambeaux

Lundi 20 Avril

CONTINUATION DE LA FÊTE

De 2 heures à 4 heures et demie

JEUX DIVERS. — 1. Jeu de la Pêche à la ligne ; 2. Jeu des Soupières ; 3. Concours de Grimaces ; 4. Jeu des Ciseaux ; 5. Jeu de la Poêle ; 6. Course des Grenouilles.

CONCERT PAR LA FANFARE

Places gratuites pour les Marchands et les Étalagistes

Les habitants sont invités à pavoiser et à illuminer à l'occasion de la Fête

Le Maire : Dr DELAUNAY.

Durant le mandat du maire Delaunay, de nombreuses fêtes marquèrent Montbazon, prenant la suite de la "Quintaine" célébrée sous la Renaissance ou des somptueuses cérémonies franco-russes d'octobre 1893. Cette grande assemblée du 19 avril 1914 était une réminiscence de l'ancienne assemblée de location des domestiques agricoles fondée en 1813.

Tout Montbazon est en fête pour le 14 juillet 1909 : fier officier en uniforme à boutons dorés, vieilles douairières en robe de deuil mais chapeau fleuri, enfant de troupe et clients en canotier sont attablés à la terrasse du café de la Ville (27, rue Nationale, à l'angle de la rue des Douves), pavoisé de drapeaux et guirlandes fleuries.

Les festivités à caractère patriotique reprirent à Montbazon dès la fin de la Première Guerre mondiale avec une fête des Poilus (novembre 1919) où des enfants furent costumés pour incarner les héros des tranchées. Dominant le groupe, une Marianne triomphante et une jolie Alsacienne, personnifiant le retour de la chère province à la Nation française.

La place de l'Eglise est noire de monde en ce 31 mars 1907 pour la grande fête populaire de Veigné. Lampions, guirlandes et oriflammes décorent la rue Principale tandis que tentes et stands ont été dressés sur la place. Le beau temps a dû être de la partie si l'on en juge par toutes ces dames qui se servent de leur parapluie comme ombrelle !

L'école des filles de Montbazon (actuel cinéma) servit en mars 1923 de salle de bal pour une matinée costumée où jeune marquise de Montespan, gitane avec éventail, Diane chasseresse à la chevelure ornée d'un croissant de lune (madame Robin, née Alice Moiré) cotoyaient de charmantes demoiselles en robe folklorique provençale ou en kimono asiatique (Jeanne Chardon, en haut à l'extrême gauche).

Le char des enfants passe devant l'auberge du Croissant (1, rue Nationale, à l'entrée du pont de Montbazon), en tête du cortège de la seconde fête des poilus organisée par le curé de Montbazon, l'abbé Nicault, le 30 août 1925.

Une partie de ce carnaval offrait la reconstitution de la fameuse entrevue du château de Couzières, à Veigné, le 4 septembre 1619 entre Louis XIII et sa mère Marie de Médicis. Ce même thème historique sera repris, en 1947, pour une autre mise en scène identique, à Couzières même.

VILLE D'ESVRES

Union Sportive " La Fraternelle "

Soirées Théâtrales

des

14 & 15 MARS 1936

PROGRAMME

PREMIÈRE PARTIE

1. Le Beau Danube Bleu (*Strauss*) .. Chœur.
2. Sans les Pompiers .. .. M. Duverger.
3. La Chanson de Paris . .. M. Douard.
4. Un Joli Bateau .. .. Mlle de Giacometti.

5. **BLANCHETTE**

Comédie en 3 Actes, de Brieux

PERSONNAGES :

Blanchette	MMmes	Douard.
Mme Rousset.		Merlin.
Lucie Galoux		Duverger.
Mme Jules		Meunier.
Rousset	MM.	Mettay.
Le Cantonnier		Duverger.
Morillon.		Merlin.
Auguste Morillon		Leclerc.
M. Galoux		Loizeau.
Georges Galoux		A. Mettay.
Un Voiturier.		Douard.
Le Facteur		Pérrot.

1er et 2e Acte

ENTR'ACTE après le 2e Acte de BLANCHETTE

DEUXIÈME PARTIE

1. Salut ! Beau Midi ! .. .. .. Chœur.
2. BLANCHETTE (*Troisième acte*).
3. M. METTAY, *dans son répertoire*.
4. Les Fleurs que nous aimons . M. Merlin.
5. C'est nous les pouères !. .. M. Loizeau.
6. Ça vous dégoûte !. .. .. M. Leclerc.
7. **Mélécasse et Champoreau**

Sketch comique

PERSONNAGES

Mélécasse	M. Douard.
Champoreau	M. Duverger.

8. Chœur.

Après un premier défilé du genre en 1925, un deuxième carnaval des Fleurs égaya les rues de Montbazon le 6 juillet 1930 où pas moins d'une vingtaine de chars arpentèrent le centre-bourg. Sur celui-ci, à l'entrée de la rue de la Vennetière, la reine du carnaval, madame Doucet (tout en haut, au centre, avec son écharpe tricolore), trône parmi ses dauphines. Le garçonnet en costume de marin, en bas à gauche, n'est autre que Louis Le Bescam, futur maire de Montbazon en 1983.

La journée avait commencé par l'élection de madame Doucet comme reine, entourée de beautés vindiniennes et montbazonnaises. De la place de l'église de Veigné où est pris ce cliché, on se dirigea ensuite à Montbazon en suivant les rives de l'Indre.

Un autre des chars de ce carnaval des Fleurs illustrait les contrées lointaines de notre empire colonial de Cochinchine ; à moins que l'on ait plutôt voulu ici s'inspirer du Japon ?

Au lendemain de la guerre (1946), Montbazon n'avait en rien perdu le goût des festivités fleuries ! A vélo, au centre, costumé en clown à chapeau haut-de-forme, Pierre Thétiot et, à cheval, son frère Jean. Autour d'eux les jeunes Bourguignon, Vincent, Delacôte, Penavaire et Lerat.

La fête patronale de Veigné, organisée tous les ans par l'abbé Robert Fiot, curé de la paroisse, avait pour principale attraction en 1938 son char des Fiancés. Maurice Barbet et sa soeur Suzanne (future madame Guéraud), André Bourbon et Marie-Thérèse Huart défilèrent ainsi entre Veigné et Monts, aller et retour.

Devant l'hôtel-restaurant de la Gare à Monts, les membres du club de la Pédale frénétique ont abandonné en ce jour d'été 1933 vélo et tenue de rigueur pour une après-midi de repos avec ces dames ! A l'extrême droite, assise en tablier noir, madame Rimbault, patronne du restaurant.

Le deuxième Grand Prix cycliste de Veigné (1950) se termine place de l'Eglise après avoir dévalé la "côte à Crochu". Le premier à franchir la ligne d'arrivée fut le champion Hays qui avait parcouru les 105 km du circuit en deux heures cinquante. 222 coureurs, venus de tous les départements limitrophes, le suivaient.

La photo des vainqueurs après la remise du bouquet et la bise des "Miss" : Hays (avec les fleurs à gauche) premier de la compétition, Michel Simonin de Montbazon (au centre) arrivé deuxième et Berruet troisième (à droite) sont félicités par mesdemoiselles Jahan et Douard.

VI
Grands événements

L'Indre en crue du 21 au 25 janvier 1910 monta jusqu'à 1,30 mètre au moulin de Pont-Joly, à Esvres, à cette époque exploité comme café par madame Gélugne. D'autres crues tout aussi phénoménales devaient être à nouveau enregistrées en novembre de la même année (avec un débit record de 430 m3 à la seconde !) puis en 1911, 1913, 1915 et 1919.

En exil perpétuel à travers l'Europe après avoir dû abandonner son trône, la reine Isabelle II d'Espagne arriva à Tours le 10 septembre 1896 accompagnée d'une suite de douze personnes pour se rendre au château de Couzières, à Veigné, où l'attendait la baronne von Lülling, fille d'un Grand d'Espagne. Voyageant sous le nom de "comtesse de Tolède", Sa Majesté catholique demeura à Couzières une douzaine de jours, visitant les châteaux d'Azay-le-Rideau et de Chenonceau.

Jour de souvenir en ce 11 novembre 1919. Le monument aux Morts d'Esvres est inauguré devant l'école communale. Madame Giraudeau (à gauche) et Octavie Duroui déposent la couronne offerte par la municipalité.

Ils semblent bien fiers les conscrits de Sorigny de l'année 1939 ! Réunis autour du drapeau tricolore (de gauche à droite) : Adrien Ondet, Raymond Leroux , Raymond Colinet, Pierre Robin et son cousin Edgar Poulinet, Roger Duchesne et Auguste Robin (frère de Pierre et futur chanoine, plus tard directeur de la *Semaine religieuse de Tours)*.

Le 3 juin 1937, le nom de Candé fut claironné dans le monde entier : c'est en effet ce château de Monts, au coeur de la Touraine, que l'ex-roi Edouard VIII choisit pour épouser madame Simpson après avoir, pour elle, quitté le trône d'Angleterre.

Après une cérémonie très intime dans la bibliothèque du château, le duc et la duchesse de Windsor posent sur le perron pour les journalistes et les actualités cinématographiques. Le soir même, le couple le plus "médiatisé" de l'époque partait en voyage de noces en Autriche en allant prendre le train à Blois.

Le "Mariage du siècle" attira à Monts une foule de représentants de la presse internationale qui improvisèrent au fond d'une vieille grange un standard téléphonique crépitant d'appels.

Le restaurant de la Gare, tenu par madame Rimbault et sa fille Denise, fut aussitôt investi par les journalistes qui en firent leur "PC". Le milliardaire américain C.Vanderbilt, lui aussi attiré par l'événement, préféra arriver dans une luxueuse caravane pourvue d'un poste émetteur privé.

La rue Nationale à Montbazon (on devine, en haut à gauche, l'embranchement de la rue montant au Donjon) s'encombra de véhicules autant au moment de l'exode qui suivit la débâcle de mai 1940 qu'au retour des réfugiés, après la signature de l'armistice.

Beaucoup de châteaux de la région montbazonnaise accueillirent lors du repli du gouvernement, en juin 1940, ministères, ambassades et autres administrations avant d'être occupés par les troupes allemandes. Celui de Fontiville, à Veigné, reçut le P-C de la deuxième division légère mécanique avant d'être investi, trois jours plus tard, par les troupes allemandes qui y installèrent un poste de douane. En 1942, le château servit d'hôpital militaire pour les Allemands blessés sur le front russe.

Dans le bourg de Montbazon, en bordure de l'Indre, le château de La Grange-Rouge fut successivement réquisitionné pour abriter le contrôle financier du ministère de la Marine (juin 1940) puis le Service cartographique des armées allemandes et, dans son parc, un des "Chantiers de jeunesse du Maréchal". Le château hébergea, en 1943, des réfugiés de Lorient fuyant les bombardements de leur ville.

En tant que chef d'état-major de la Marine, l'amiral Darlan occupa le château d'Artigny tandis que son ministre de tutelle était logé au château du Creuzeau, à Veigné. Durant cette courte semaine (du 12 au 16 juin 1940), les marins s'activèrent à "peinturlurer" le château de goudron pour cacher aux raids aériens son éclatante blancheur.

Afin de loger des ouvriers appelés en renfort à la poudrerie du Ripault, l'armée avait aménagé, en 1939, quatre camps à Monts, Montbazon et Veigné. Le premier, au lieu-dit La Lande sur la route de Sorigny, fut réquisitionné en juillet 1940 par les Allemands qui y internèrent successivement, jusqu'en janvier 1944, des Juifs, des religieuses, des résistantes, des Alsaciens-Lorrains expulsés de leur région, des communistes et de nombreux enfants, presque tous transférés ensuite à Drancy puis à Auschwitz.

Prévu pour 350 internés, le camp de La Lande reçut jusqu'à 546 prisonniers, dont près du tiers étaient des Polonais israëlites. Devant deux des vingt-six bâtiments, les trois soeurs Moskowicz et leur frère durant l'été 1941.

Les annales de la vie du val de l'Indre sous l'Occupation furent principalement marquées par la tragique explosion, le 18 octobre 1943, de la poudrerie du Ripault, à Monts, dont le bruit fut entendu jusqu'à Amboise et le souffle propagé à Tours, détruisant même des vitrines de la rue Nationale. L'onde de choc se propagea jusqu'à Château-Renault.

Voici ce qui restait du restaurant Chauffeteau, au village de Vontes, fréquenté par les employés de la poudrerie après le terrible accident. La déflagration avait creusé un cratère de quarante mètres de diamètre et de dix mètres de profondeur.

Un trou dans la voûte du viaduc ferroviaire, deux ponts détruits, le village de Vontes presque entièrement rasé, 145 blessés, 19 disparus et 55 morts français (le nombre d'Allemands tués fut, pour des raisons militaires, tenu secret) endeuillèrent en une seule journée la commune de Monts.

Le 1er septembre 1944, vers dix heures du matin, les Allemands quittèrent Montbazon en faisant sauter le pont principal du bourg. L'arche centrale fut entièrement détruite et celle du côté nord légèrement affaissée. Une passerelle provisoire en bois et fonte permit de rétablir la circulation en attendant la reconstruction du pont, en mai 1947.

Foule en liesse et hôtel de ville pavoisé de drapeaux français au lendemain de la libération de Montbazon, le 3 septembre 1944. Le professeur Guillaume-Louis, maire de notre commune, apparait au balcon pour improviser un discours. Allocutions, chants patriotiques, bal populaire et défilé des F.F.I. marquèrent ce jour tant attendu.

La première visite de personnalité au château d'Artigny après sa transformation en hôtellerie de grand luxe fut celle de la reine-mère Elizabeth d'Angleterre qui y séjourna une semaine (du 17 au 21 avril 1963), le temps pour Sa Très Gracieuse Majesté de découvrir les châteaux de la Loire.

Le Négus, quant à lui, vint par deux fois à Artigny, le 27 octobre 1963 puis le 24 juin 1972. L'empereur d'Ethiopie est salué à son arrivée au château par René Traversac, propriétaire des lieux.

VII
Quelques personnalités locales

Considéré comme l'un des plus beaux d'Indre-et-Loire et signalé comme tel par certains guides touristiques, le monument aux Morts inauguré à Sorigny en 1923 est l'oeuvre du sculpteur Marcel Gaumont (1880-1962), prix de Rome à 28 ans, et de l'architecte tourangeau bien connu Maurice Boille. Bien que né à Tours et décédé à Paris, Marcel Gaumont était issu d'une famille de Sorigny, où il est d'ailleurs enterré.

Faisant partie d'une famille d'aliénistes renommés, puisqu'il était petit-neveu du célèbre docteur Baillarger et neveu du docteur Lunier, le docteur Gabriel Doutrebente, né à Sorigny en 1844, eut une brillante carrière dans la recherche et l'évolution du traitement des aliénés et en tant que directeur de l'asile de Blois de 1880 à 1906. Il fut inhumé à Tours en 1911, couvert d'hommages.

"Le Cygne de Candé", Jacques Drake del Castillo (1855-1918), maire de Monts à 25 ans. Conseiller général de Montbazon, député de Tours, secrétaire de la Chambre des députés et propriétaire du journal *la Touraine républicaine,* il fut pendant 35 ans la personnalité politique la plus importante du canton.

Joseph-Antoine de La Ville-le-Roulx (1855-1911), historien réputé et président de la Société archéologique de Touraine, appartenait à cette dynastie de grands bourgeois de la finance, propriétaire de nombreux domaines à Monts et aux alentours.

J. de La Ville-le-Roux avait rassemblé en son château du Breuil, à Monts, une importante bibliothèque entièrement consacrée aux Croisades et considérée comme la plus riche de France en ce domaine.

Principal industriel établi à Montbazon, Paul Lesourd (1845-1906), président de la Chambre de commerce d'Indre-et-Loire, reconstruisit sous la forme d'un manoir anglo-normand son moulin-huilerie des Avrins après son complet incendie en 1883.

Figure très populaire à Montbazon dans les années 1910, le cantonnier municipal, le "père Thiou", arpentait les rues du bourg avec son chien attelé à une carriole. Il discute ici avec le capitaine Henry Rocheron, châtelain de La Grange-Rouge, dont on aperçoit une partie au fond à gauche.

Deux maires de Montbazon ayant, au tournant du siècle, marqué leur époque : Emmanuel Brault (1845-1902), lui aussi président de la Chambre de commerce de Tours, possédait les tanneries installées dans l'ancien hôtel-Dieu des Franciscaines au 8, rue de l'Aumône, rebaptisée, depuis, rue Emmanuel Brault.

Le docteur André Delaunay (1866-1938), maire de Montbazon pendant 35 ans et président du Conseil général d'Indre-et-Loire, pose avec sa famille sur la terrasse de sa jolie villa du 31, rue des Moulins, en bordure de l'ancien bras principal de l'Indre.

On aura peut être du mal à reconnaître ici, photographié vers l'âge de trente ans, le professeur Paul Guillaume-Louis (1878-1957). Chirurgien-chef des hôpitaux Clocheville et Bretonneau, directeur de l'école de médecine de Tours, il finira membre de l'Académie nationale de médecine.

Paul Guillaume-Louis assuma également une longue carrière politique en siègeant à la mairie de Montbazon de 1939 à sa mort et à la présidence du Conseil général d'Indre-et-Loire. L'objectif l'a ici surpris, lors de la remise de la Légion d'honneur au préfet Pérony dans les années 1950, dans un discours manifestement rempli d'ardeur.

C'est incognito, sous le nom de "madame Rousseau", que lady Mac Leod, plus connue sous son nom de scène Mata-Hari (*oeil du jour* c'est à dire *soleil* en malais) habita au château de La Dorée, à Esvres, entre mars 1910 et 1911.

On dit que chaque jour, à dix-sept heures précises, Mata-Hari recevait au château un étrange appel téléphonique auquel elle répondait en allemand, ce qui intriguait fort les domestiques...

Architecte, sculpteur et paysagiste américain, William Perry Dudley (1891-1965) sauva de la ruine en le restaurant avec passion le vieux Donjon de Montbazon. Fier de son oeuvre, il prend la pause devant la cheminée de sa chambre, dans le *Logis* qu'il construisit en 1933 au pied de la vieille tour médiévale.

L'amie des roses, l'artiste-peintre américaine Lilian Whitteker (1881-1979) a fortement marqué les mémoires montbazonnaises depuis son arrivée en France en 1923 et son départ pour le château de La Bourdaisière, à Montlouis, en 1970. Habitant durant près d'un demi-siècle au Donjon de Montbazon, elle n'hésitait pas, comme on le voit ici en 1925, à participer aux vendanges avec son chien Bosko.

L'industriel franco-américain Charles Bedaux (1886-1944) et sa femme Fern Lombard (1892-1972) achetèrent en 1927 le château de Candé, à Monts, où ils devaient entamer de très nombreuses modernisations afin d'y recevoir leurs multiples relations. Parmi les visiteurs de Candé durant cette période faste, signalons (outre le mariage déjà évoqué de l'ex-roi d'Angleterre) André Citroën et, en juin 1940, l'ambassadeur des Etats-Unis.

Madame Bedaux et William Dudley devant le château de Candé, à Monts en 1938, ou partie d'équitation pour deux Américains de Touraine tels des seigneurs d'Ancien Régime...

Les anciens se rappellent des fréquents séjours à Montbazon vers 1935-38 du “géant savoyard” Ferdinand Contat qui avait tout spécialement commandé à monsieur Veillat, carrossier au 111, rue Nationale, une roulotte foraine adaptée à ses mensurations : 2 mètres 35 pour 207 kgs et chaussant du 63 !

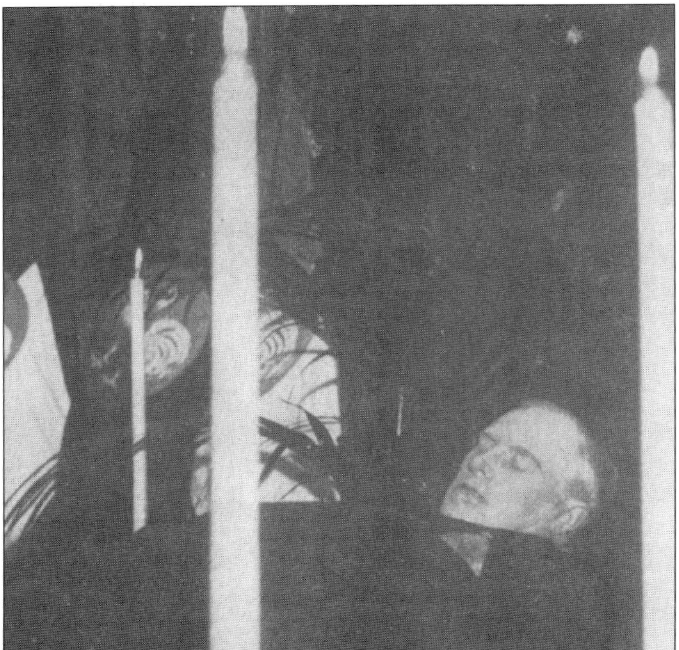

La fin d'un règne : le corps de François Coty (1874-1934) repose parmi les drapeaux des Croix de Feu et de la ligue Solidarité française, qu'il avait fondée. Le fameux homme politique et parfumeur ne put, selon ses dernières volontés, être inhumé au château d'Artigny qu'il avait édifié à Montbazon : pour cause de séquestre, les huissiers refoulèrent son cercueil vers le cimetière communal.

Après le tournage, sous l'Occupation, de son film "*La belle et la bête*" à Rochecorbon, Jean Cocteau vint souvent séjourner dans la belle villa de Champgault que son frère Paul, agent de change parisien, avait fait construire vers 1925 à Esvres.

Dernière "personnalité" locale à évoquer ici, l'abbé Victor Nicault (1874-1961), curé-doyen de Montbazon durant 54 ans, célèbre par son attitude "héroïque" lors des fameux Inventaires de 1906.

Le quartier "élégant" de la Vennetière, bordé de coquettes villas et de riants châlets de style Belle Epoque, fut percé en 1884 pour relier le bourg de Montbazon à celui de Veigné.

Remerciements

Les auteurs tiennent à remercier bien sincèrement et très chaleureusement : Pierre Audin, Jean-Claude et Michel Bardet, Sophie Béal, René Beaudet, Jean Bréion, Claude Catusse, Jacques Desbrousses, Marie-Line Deslandes, Jean-François et Marie-Thérèse Dolbeau, Aurélien Dubois, Pascal Fruchon, mademoiselle Gibut, Pierre Godel, Jean Guéraud, Gustave Hodebert, Gérard Le Pitancier de Montigny, Pierre Leveel, Philippe Matignon, Sophie de Mauduit, Denise Olivereau-Capron, madame Pasquier-Prieur, Jacques Perrêt, Patrice Puvilland, Pierre et Thérèse Robert-Jodeau, Claude et Michèle Robin, Pierre Robin, Michel Simonin, Thérèse Sadoux, Elisabeth Tardits et Pierre Thétiot ; ainsi que les mairies d'Esvres et de Sorigny, la Bibliothèque départementale d'Indre-et-Loire, les Archives départementales d'Indre-et-Loire, la Société d'étude du val de l'Indre (SERIA), le château d'Artigny et le château de La Tortinière.